自分の中の「どうせ」「でも」「だって」に負けない33の方法

メンタルコーチ
飯山晄朗
Jiro Iiyama

実務教育出版

まえがき

どうせ、
時間のムダだから
やらないほうがいいよ

だって、いまから
目標達成なんて
ムリでしょ

でも、
やったことないし

つい、このような言葉を
口にしていませんか？

それは、潜在意識の〝常識の枠〟が影響しています。常識の枠は、これまでの経験や体験などに基づいて作られたいわば〝心の壁〟です。

では、なぜ常識の枠ができるのでしょうか。

それは、「できない」「無理だ」という否定的な思いを繰り返しているからです。

試合の勝負どころでミスしてしまった↓「自分はなんて下手くそなんだ」

仕事の目標を一つも達成できない↓「自分はなんてダメ人間なんだ」

資格試験を何度受けても合格できない↓「自分はなんて頭が悪いんだ」

他にも、「しょせんは平凡な人間だから」「自分には大きな仕事は向いていないんだよ」という「諦め」の思い込みもあります。私たちは、このような思い込みを無意識のうちに繰り返して、常識の枠を形成しています。そして、その常識の枠内で行動しようとしているのです。

本書は、「できない」とマイナス思考に陥っている人が「できる」とプラス思考になって、常識の枠を壊して自らの可能性を拡げ、夢や目標を実現するお手伝いをします。

人の心の問題を扱おうとすると、掴みどころのない話になりがちですが、思考はすべて脳が行っているものです。本書では、大脳生理学や心理学を用いる「SBT（スーパーブレイントレーニング®）」※を根拠に、脳の仕組みからアプローチしています。このトレーニングにより、無意識のうちにマイナスのイメージ・感情・思考になっている人間の脳をコントロールし、潜在意識を意識的にプラスに変えます。それにより脳にかかっていたブレーキを解き放ち、最大限に潜在能力を開発することができるのです。

誰がやっても潜在意識をポジティブに変えることができるのが特徴で、これまでネガティブなマインドに苦しんでいた人も、脳の仕組みや使い方を知れば劇的に変わることができます。

※「SBT（スーパーブレイントレーニング）」は株式会社サンリの登録商標です。私はSBT認定マスターコーチとして、SBT認定資格の取得指導を行っております。詳しい情報はこちらのサイトからご確認ください。
http://sbt-trainers.com

現に、カネなし・コネなし・学歴なしの私が、経営コンサルタント、メンタルコーチとして起業でき、おかげさまで今年で12年目になりました。その間に、歴史的大逆転で決まった甲子園出場、20年ぶりの全国表彰台、26年ぶりの県大会優勝など高校スポーツの分野でサポートしたチームが大活躍してくれました。

さらに、リオデジャネイロ五輪での52年ぶりの銅メダル獲得、ワールドカップ優勝など、アスリートの素晴らしい結果にも貢献することができました。

もちろん、ビジネスの世界でも多くの引き合いをいただけるようになり、北陸の金沢にいながら全国で活動できるようになりました。おかげさまでここ3年間はほとんど休みがない状態で、講演、セミナー講師として年間５００回以上の登壇機会をいただいております。

そして、これまで3冊の著書を出版させていただくことができました。

本書はこんな私の体験も踏まえて、後ろ向きになってしまっている自分を前向きにして、希望を確信するための方法をまとめました。自分を変えたいコアラと一緒にチャレンジしてみてください。
少しでも多くの方が、自分の望む結果を得るお手伝いをできれば幸いです。

2017年7月

飯山晄朗《じろう》

本書の登場キャラ

後ろ向きな自分を変えたいコアラ

オーストラリアから来て日本で働いているコアラ。何事もネガティブに考える癖や、やらなくていい理由ばかり探して行動に移せない性格を変えたいと思っています。いまどきの若い読者の皆さんと一緒に、自分を前向きに誘導する方法にチャレンジします。

CONTENTS

自分の中の「どうせ」「でも」「だって」に負けない33の方法

1章

心が折れやすい自分に負けない！

2章 自信のない自分に負けない！

3章
環境に不満な自分に負けない！

4章

面倒くさがり屋な自分に負けない！

5章 後ろ向きな自分に負けない！

デザイン／ＩＳＳＨＩＫＩ
イラスト／村山宇希
ＤＴＰ／一企画

1章

心が折れやすい
自分に負けない！

01

「しょせん自分はこの程度…」と諦めかけたら、喜ばせたい人のことを考えよう！

スカウトしてくれた
部長のため
負けていられない！
ウチで働かない？

自分のため以外に働く

「あなたは何のために仕事をしていますか?」

これは私が社員研修の講師を務める際によくする質問です。みなさんはこのように聞かれたら、どう答えるでしょう。実際、多いのが次の3つです。

・お金のため(生活のため)
・やりがいのため
・人生を豊かにするため

もちろん間違いではありませんが、どの答えも要するに〝自分のため〟です。

私自身がまさにそうでしたが、**自らの喜びのために仕事をしている人は、簡単に諦めやすい傾向にあります。**

私が家電業界に就職して2年経ち、マーチャンダイザー(商品政策)を任せてもらえることになった頃の話です。マーチャンダイザーは会社の中核なので、私以外はセールスなどを経験したベテランの方ばかりでした。まさに大抜擢で、私自身も新しい仕事にチャレンジできるワクワク感でいっぱいでした。

しかし、実際に仕事をしてみると思うようにいきません。それまではシステムエンジニア、プログラマーとしてコンピューター相手にプログラムを組み、ある意味結果を自在にコントロールしていましたが、今度の相手は人間です。父親と同年代の営業担当者に商品を売ってもらうための販促策を提案し、実際に売上を作ってもらわなければなりません。これがなかなかうまくいかない上に、単純ミスの連続で叱られてばかりでした。

自信をもてない時の処方箋

何をやってもうまくいかないし、目標も達成できない。「なにくそ、絶対に達成してやる。いまに見てろよ!」という反骨心も芽生えず、「しょせんはこの程度…」と自分に失望しかけていると、仕事に対するやる気もなくなってきました。
それでは、当然結果が出るはずもありません。当初はマーチャンダイザーという仕事にやりがいを感じていましたが、段々とそんな気持ちもなくなり、ストレスで髪の毛も抜けるほど疲弊しました。

そんな時、飲みに誘ってくれた直属の課長から言われました。
「お前をこの部署に呼び寄せたのは部長なんだよ。俺がちゃんと育てるから、と上層部に推薦したんだよ」

この言葉を聞き、「俺は何をやってるんだろう。自分のことしか見えていないじゃないか。情けないなぁ」と思いました。危うく自分を買ってくれた部長の信頼を失なうところでした。そして、「部長や課長に、やっぱり俺の見立ては間違っていなかった、と思ってもらえるようになろう」と心に決めたのです。

その後も叱咤されて落ち込むことはありましたが、そのたびに「俺はまだ誰も喜ばせていない」と自分に言い聞かせました。商品の勉強をし、店頭で販売応援をしながらお客様のニーズや動向を探り、どのような販促策が効きそうか試行錯誤しました。

ついには、営業会議で自信をもって話せて目標達成できるようになり、叱られてばかりだった営業担当者からも信頼されるようになったのです。

喜ばせたい人がいるかいないかは、やり抜く力に影響します。あなたの喜ばせたい人を明確にしてみましょう。

POINT

自分のことしか考えていないとすぐに諦めやすい。自信を失いかけたら、喜ばせたい人の顔を思い浮かべよう！

02

「もうダメだ…」と心が折れそうになったら、「ついに限界を超える時がきたか」と考えよう!

コアラの壁を越えたスーパーコアラになる時がきたか…

限界は自分で作っている

仕事で大きなミスを犯してしまう。
試合で大差をつけられて負けてしまう。
何度やっても失敗ばかりでうまくいかない。

このような状態に陥ると、誰でも心が折れることがあります。私が起業して2年目くらいの頃がまさにそうでした。打診はあっても本契約に至らない、契約解除が続くどん底状態で、どうしていいかわかりませんでした。うまくいかない焦りから、契約を切られないようにクライアントのご機嫌取りになり、もはや経営コンサルタント失格でした。

「俺はもうダメかな…」と心が折れかけていた時、ある勉強会で「中小企業診断士というよりコーチの印象が強い」と言われました。この言葉をきっかけに、当時ほとんど存在しなかった「コーチングができる中小企業診断士」を強くアピールするようにしたところ、仕事の依頼が大きく増えたのです。つまり、私は自分の可能性を中小企業診断士という枠内に限定していたということです。

このように私たちの心の中には普段から常識や自分に対する思い込みがあり、自ら心理的限界を作って行動してしまうことがあります。でも、本当の限界はもっと先にあるかもしれません。「100m走は10秒が限界だ」と誰もが思い込んでいた時代がありましたが、9秒台で走る選手が1人現われたとたんに、他にも9秒台で走る選手がたくさん出てきたのは有名な話です。まさに物理的限界ではなく、心理的限界だったということです。

イメージの記憶で限界を広げる

限界は「体験の記憶」と「イメージの記憶」によって決まります。例えばフルマラソンを走ったことがある人からすれば、10㎞ぐらいは限界とは思えないでしょう。つまり、もっと長い距離を走破したことがあるという「体験の記憶」から限界の枠を設定し、判断しているわけです。

この枠を広げるコツが「イメージの記憶」です。私たちの脳は、イメージしたことを「体験の記憶」と同じように記憶します。例えば「50㎞マラソンを完走したい」という経験したことのない願望でも、**実現した状態を強くイメージすることで脳は経験したとみなし、心理的限界の枠を広げられるのです。**

また、脳はイメージしたことを実現しようとして身体を動かします。歩く、止まるなどの日常の何気ない動作も、イメージが先行して行動が後からついてきます。**「こんなふうになれたらいいな」という漠然とした願望も、実現した状態を鮮明にイメージし続けることで、そのための行動が続くようになります。**このようにして、自分の可能性を広げることができるのです。

心理的限界を感じたら「限界を超えるチャンスが来た！」と考え、望む結果が実現しているイメージを何度も描いてチャレンジしましょう。そのチャレンジが可能性の枠を広げます。

POINT

可能性の枠は自分で決めている。
思い込みの枠を外すことでまだまだ前に進める。

03

ストレスで苦しくてどうしようもない時は、感動の涙で洗い流そう！

なくすのではなく、上手に付き合う

私たちは普段から様々なストレスを感じて生きています。実際、会社や学校に行けない人も増えており、2015年12月からは企業にストレスチェックが義務づけられました。これにより、ますます人が感じているストレスが表面化することになりました。私はストレス自体が悪いというより、それが原因となって心や身体の様々な病が引き起こされることに問題があると思います。

少し前に介護職員による施設利用者への虐待事件がありましたが、容疑者の挙げた犯行動機はストレスでした。私も介護施設のサポートをさせていただいているのでわかりますが、人と関わる仕事の中でも介護職は一番ストレスを抱えやすい職業だと思います。なぜなら、自分の思い通りにならないからです。

最初は「人の役に立ちたい」「サポートすることで喜んでもらいたい」といった理想をもって仕事に就いたはずが、いつしかそれがストレスになり、日常の些細なことで悲観したり、心が乱されたりするのです。そして、ストレスが蓄積されていくとイライラが爆発したり、体調が変化したりしていきます。

世の中で活躍している人は、総じてストレスに強いという共通の特徴があります。気をつけないと、ストレスを抱えている自分をいつも思い描いてしまうので、上手に付き合うことが必要なのです。

感動の涙がメンタルを強くする

効果的なストレス対処法としてお伝えしたいのが、「感動して泣く」ということです。涙は弱さの象徴の印象があるかもしれませんが、感動の涙は別です。これは「情動の涙」と言い、ストレスを軽減するリラクゼーション作用があるのです。

涙腺は副交感神経のコントロール下にあり、涙が交感神経から副交感神経へのスイッチの役割を果たし、緊張状態を緩めます。交感神経が優位で緊張している状態から、副交感神経が優位でリラックスしている状態になります。つまり、**感動して涙をよく流す人は、ストレスにも強くなる**ということです。

みなさんも日々、様々なプレッシャーなどを受けていると思います。感動体験を増やして情動の涙を流し、常に振りかかってくるストレスに強くなりましょう!

POINT

涙にはリラクゼーション作用がある。
感動体験を増やしてストレスとうまく付き合う。

04

感動出力が弱い人は、ちょっとだけ勇気のいる行動をしてみよう！

勇気を出して
ユーカリ以外の
はじめての
葉っぱ…

無感動な人のための感動力養成講座

経済が発展し、便利な世の中になったにも関わらず、ストレスによって苦しんでいる人はたくさんいます。優秀な人が突然心の病気になったりすることも珍しくありません。そういった場合、感動体験を増やして情動の涙を流すことで、ストレスを解消できると先ほど述べました。

ただ、中には感動力が弱まっている方もいらっしゃいます。感動とはプラスの経験に〝感じて心が動く〟ことですが、私たちはマイナスの経験に対しても心が動きます。つまり、「失敗してしまうのではないか」「信頼を失ってしまうのではないか」「残念なヤツだと思われるのではないか」と不安や心配を感じるということです。

このように物事の否定的な面ばかりを見る癖がついていると、たとえ仕事がうまくいっても「今回はうまくいったけど、次回はダメかもしれない…」などとネガティブに心が動くようになります。そのうち、燃え尽き症候群になって、物事に対して全く心が動かなくなってしまいます。まさに無感動状態です。
近年、このような感動できない人が増えてきているように思います。夢や目標実現のために動こうとしても、なかなか行動に結びつかない人は、感動力が失われているのかもしれません。

では、どうすればいいのでしょうか。自分の感動体験にこだわる必要はありません。実は、脳は感情を伴うイメージを現実かどうか区別できないという特徴があります。**自分自身の経験ではなくともプラスに心が動くことで、感動する力を養うことができるのです。**つまり、本を読んだり、映画を観たりすることで、日常の小さなことでも感動できるようになっていきます。

例えば道端の雑草を見て、「硬いアスファルトを突き破るとは、なんて力強いんだ。自分も殻を破って成長していこう！」と力が湧くのは、当たり前のように思っていたことへの感度が高まり、小さなことでもプラスに感動できるようになったからでしょう。

小さな勇気で、小さな感動を得る

もう少しレベルを上げて、人に喜ばれることを行ってもいいでしょう。ボランティアの清掃活動に参加して充実感と達成感を得る体験をするなど、普段しないような活動を少しの勇気を出して行なってみます。このほんの少しの勇気による行動を「感動出力」と呼びます。この感動出力は、ドキドキワクワク感を伴い、「ドーパミン」や「セロトニン」などの前向きになるホルモンの分泌を促してくれます。

ただ、いきなりこれまでやったことのないハードルの高いことを行おうとすると、自己防衛本能が働いて脳が不快反応を示すかもしれません。大きなチャレンジは大きな失敗を生みやすく、大きな恐怖を植えつけ、自己肯定感が低くなるからです。

ですので、**比較的成功しやすい小さなチャレンジから始めましょう。**小さなことでも「できた」ということが自信になり、自己肯定感が高まります。例えば、朝起きたら家族に笑顔で「おはよう」と言う、いつもご飯を作ってくれるお母さん（妻）に「今日も美味しかったよ」と伝えてみる、道に落ちているゴミを拾ってゴミ箱に捨てる、などです。

日々の小さな勇気ある行動で小さな成功体験を積むことにチャレンジしてください。

POINT

感動できないのは心が動かないから。
ちょっとした勇気がいる行動で成功体験を積んでみる。

05

都合が悪くなるとすぐやる気をなくす人は、自分以外の視座をもってみよう!

自分以外の視座をもつ

苦手な人が上司になったので、仕事がつまらなくなる。
イヤだと思っていた人が取引先の担当になったので、やる気がなくなる。
行きたくない部署に異動になったので、会社を辞めたくなる。

このように、ちょっとしたことにモチベーションを振り回される人がいます。都合の悪い環境になったらやる気をなくし、しかもそれを周りのせいにするのは自分のことしか考えていないからです。つまり、視座が自分にあるのです。視座とは、「どの位置から物事を見るか」ということ。自分の視座しか知らない人は、そこから見えるものに左右されてしまいます。

そういう方は視座を変えてみるといいでしょう。例えば「マネジャー」という視座で物事を見ると、仕事に対する姿勢も変わってきます。「社長」の視座なら、もっと変わるはずです。実際、「忙しいのは仕方ないけど、残業が多くてやってられない」と不満を漏らす若手リーダーの方に、社長の視座から見ることをお勧めしたところ、「自分はまだまだ甘いな、と感じました…」と話されていました。

普段、私たちは「自分」の視座だけで物事を見ています。しかし、結婚して子供が生まれると父（母）の視座で、PTAの会長になるとPTA会長の視座で、起業すると起業家の視座で見るようになります。また、日本人としての視座になると日本について考え、地球人としての視座になると地球について考えるようになります。視座を高くして、新しい見方を発見してみましょう。

問題が解決した状態をイメージする

視座を変えることは、問題や課題の解決にも役立ちます。例えば登山の場合、山を登っている最中の視座は、足が痛くなり、呼吸も苦しくなったり、言わば先の見えない恐怖と戦っている状態です。しかし、そこで頂上に着いた状態をイメージすることができると、ゴールまでの道のりを俯瞰でき、「いまが踏ん張りどころだ」「あと少しで休憩所がある」などと冷静に判断できます。

つまり、**苦しんでいる自分ではなく、それらを乗り越えた自分を鮮明にイメージすることで、乗り越えた自分の視座から物事を見ることができるのです。**壁を乗り越えた自分は、きっと成長しているはずです。成長した自分の視座からは、どんな軌跡が見えてくるでしょうか。

POINT

自分の立場だけから物事を見ない。
視座を高くしてみることを心がける。

06

「あ、いま義務感でやっているな」と感じたら、「これは自分の使命だ」と考えよう！

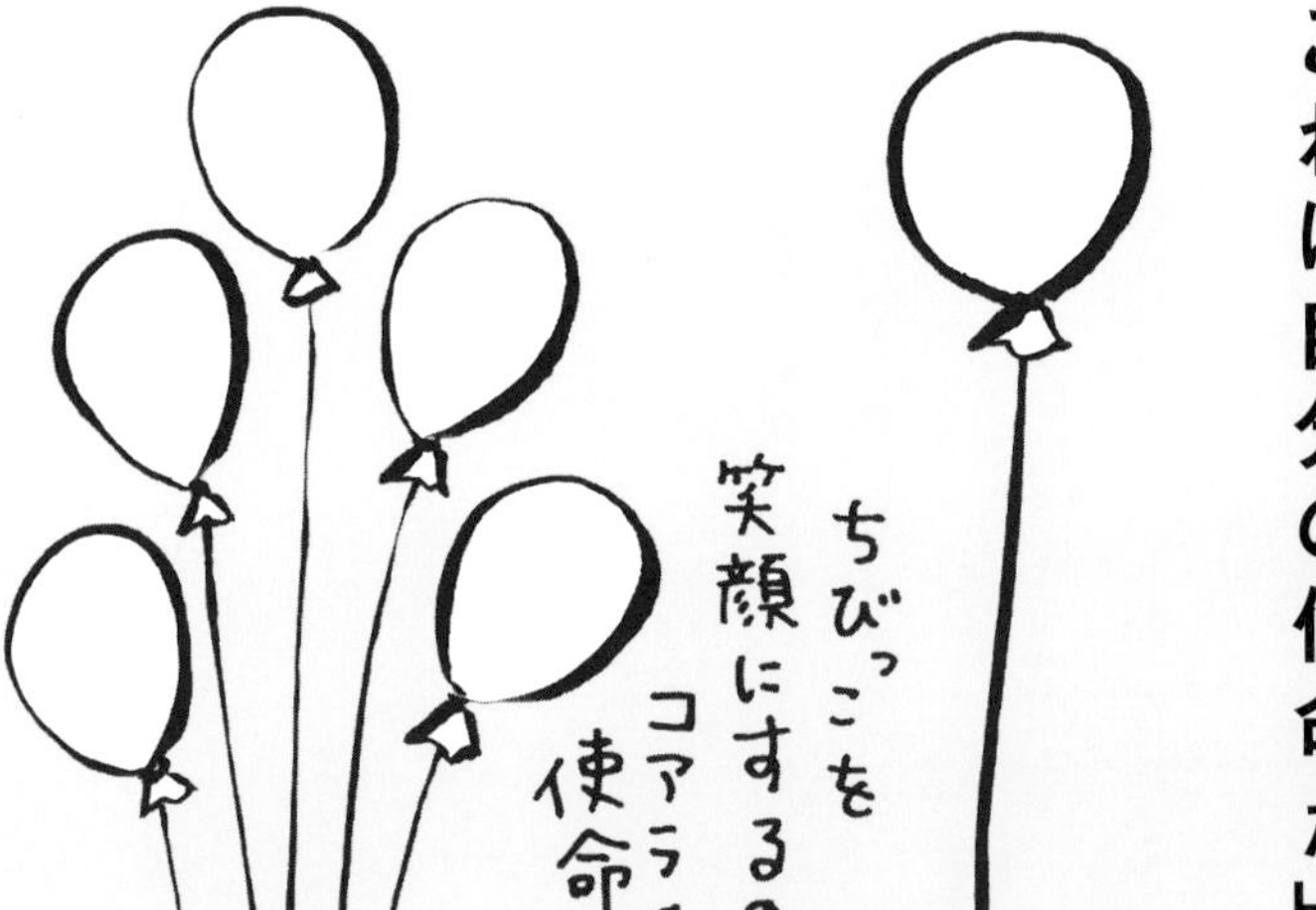

「いけない」から「ならない」へ

仕事をしなければ。
練習をしなければ。
勉強をしなければ。

このように、あらゆる場面で「しなければ」という言葉を使うことがあると思います。読者のみなさんは、この「しなければ」を使っている時はどんな気持ちになっているでしょうか。

もし、「しなければいけない」と義務感を感じていれば、なかなか行動に移せていないのでは？　仮に行動できていたとしても、段々と心身ともに疲労し、もうやりたくないと思うはずです。当然、なかなか思うような結果も出せません。

しかし、「しなければならない」と使命感を感じていれば、自然と行動したくなります。どうすればうまくいくかとアイデアを常に考えるようになり、結果も出やすくなるでしょう。

義務感は「できればやりたくない」という感情が働くため、最低限の範囲内でこなそうとします。上司から「なんで、ここをもう少しよくしようと思わないいんだ!」と指摘されても、「やれと言われていないので…」となるでしょう。

私はフリーランスですが、自身を磨くために客観的な立場から叱咤してもらえる地元経営者の会に参加しています。会で人脈を広げたいので、積極的に役職を引き受けるようにしてきました。ただ、このような活動は得てして「面倒だな…」と義務的になりがちです。そんな心境でいたら、仕事に対しても「面倒だな…」と思うようになって精魂込めて打ち込むことができなくなり、お客様も離れていってしまいました。実際に収入が減ってくると、一気に焦りが出ます。会の活動も義務感、仕事も義務感、家庭も義務感…、これではうまくいくはずがありません。

自分でなければならない理由を考える

そこで義務感を使命感に変える、つまり「しなければいけない」を「しなければならない」に変える必要があります。その際、重要なカギを握るのが〝役割意識〟です。「なぜ、自分でなければならないのか」と、やらなければならない理由を考えます。

「その役割を果たすことで、どのような好影響を与えることができるのか？」
「誰がどんなふうに喜んでくれるのか？」
「自分にどんな変化が期待できるのか？」

このように問いかけて回答を考えます。問いの内容が重要なので、自分で思いつかない人はコーチをつけるといいでしょう。

先ほどの問いかけに、当時の私は自分の中から次のような回答を得ました。
「役割を果たすことで会の活性化の一翼を担い、みんなの幸せに貢献できる」

「参加者や他の役職の方が喜んでくれて、地元の発展に貢献できる」
「活性化した会の中心に自分がいると自覚でき、周囲を巻き込む力が身につく」

まさに、使命感が生まれた瞬間です。この使命感をもって活動することで、会の活性化の一翼を担い、仕事にも集中して取り組むことができ、サポートするクライアントが軒並み好成績をあげるようになったのです。

役割意識が使命感を生み出します。
どんな役割を果すために仕事をしているのか考えてみましょう。

POINT

義務感では心が折れやすい。
どうせなら使命感に変えてみる。

07

ミスが許されない時やうまくいかない時は、「気持ち切替スイッチ」を入れよう！

ルーティーンで心を整える

自分にとって都合の悪い状況や、何度やってもうまくいかない状況に追い込まれた時に、「できない」「無理だ」とマイナス思考になってしまうことがあります。こうなると、立ち止まって身動きがとれなくなり、前に進もうという意欲がなくなってしまいます。状況が一瞬で変わるスポーツの試合だったら、マイナス思考に陥って放っておくと、そこで勝負が決まってしまいます。

大事な仕事を任されたり、その場で決めなければならない商談やプレゼン、間違えることが許されない作業に取り組むといった状況でも、「ヤバイな」「マズいな」とマイナス思考になってしまうと、散々な結果になります。そのように心が乱れた時、瞬時に気持ちを切り替えて物事に取り組めなければなりません。苦しい状況でも〝その時に適した〟プラス感情になり、能力を発揮できる状態を作れる方法があります。

２０１５年のラグビーワールドカップで優勝候補の南アフリカを破って世界を驚かせた日本代表の五郎丸歩選手が、キック前に行っていた一連動作を憶えている人も多いでしょう。少し前屈みで両手の人差し指を合わせているようなポーズです。何をしているのかわからなかった人も多かったでしょうが、私はすぐに「ルーティンを行っているんだな」と気づきました。

ルーティンは簡単に言うと「習慣」です。**何度も繰り返してきた習慣を行うことで、いつもの平常心で臨むことができるようになる**、というもの。一流のアスリートは自分の心を整えるための〝何か〟を持っています。必ずしもポーズではなく、シューズを右足から履く、グランドに出る時に一礼する、などもルーティンに含まれます。

自分だけのルーティンを作る

ルーティンはアスリートだけの話ではなく、私たちの日常にも取り入れることができます。自分にとって都合が悪かったり、間違えられない作業に取り組むといった状況では、誰でも心が乱れやすいものです。

そこで、あらかじめルーティンを応用した、自分だけの「気持ち切替スイッチ」を用意しておくといいでしょう。具体的には、**「動作」「言葉」「イメージ」を使って、マイナスになった感情をプラスにします。**

例えば、うまくいかないことが続いて心が折れそうになったら、「拳を握りしめる」動作と、「よしいける!」という言葉で、「うまくいっている」イメージを作ります。焦りが出たりイライラしたりしたら、「目を閉じてゆっくり深呼吸する」動作と、「落ち着いてきた」という言葉で、「落ち着いてしっかり対処している」イメージを作ります。

何度も試してみて、うまく気持ちを切り替えられる動作と言葉を見つけましょう。そして、成功イメージをいつでも作れるようにしておきます。繰り返すことで習慣となり、自分だけの気持ち切替スイッチができるのです。

POINT

何事もうまくいかないことはある。
その時のためのルーティーンを準備しておく。

08

物事を成功させるためには、「焦っちゃいけない」よりも「落ち着こう」。

焦りは状況を悪化させるだけ

納期が迫っているのに商品が届かない。
お客様からクレームが来た。

このような状況になると、誰でも焦りが出てしまいます。焦るとミスを招きやすくなり、さらに状況を悪化させることになりかねません。そういう場合は「焦っちゃいけない。焦っちゃいけない」と心の中で唱えながら対処しがちですが、人はそう思えば思うほど焦ってしまうものなのです。

少年野球でも指導者が「高めのコースに手を出すな！」といった指示を出し、その言葉を聞いた選手は「高めはダメ。高めはダメ……」と過剰に意識してしまい、高めのボールに思わず反応してバットを振ってしまう…。

私たちの日常でも、「〇〇してはいけない」という言葉を聞いたり、見たりすることはよくあります。例えば、ダイエット中に「お菓子を食べてはいけない」

と言われると、逆に食べたくて仕方がない状態になり、食べられないことが余計にストレスになる。仕事で「このお客様には○○してはいけない」と言われると、なぜかそのお客様に対してのミスが起きやすくなる。

なぜ、そうなるかというと、脳は否定形の言葉をイメージするのが苦手だからです。「○○してはいけない」と言われると、逆に○○の部分を強くイメージしてしまうのです。「お菓子を食べるな」と言われると「お菓子」を、「不良品を出すな」と言われると「不良品」をイメージしてしまいます。私たちの脳はイメージしたことを実現しようとするので、むしろ○○が実現されやすくなるということです。

何事も肯定系の言葉で

では、どうすればいいのでしょうか。**脳が否定形の言葉のイメージが苦手なら、逆に肯定形の言葉を使うようにしましょう。**

「焦っちゃいけない」なら、「落ち着いていこう」。

「高めに手を出すな」なら、「ベルトのところに来た球を打て」。

「お菓子を食べてはいけない」なら、「ご飯を食べよう」。

「不良品を出すな」なら、「確認を徹底しよう」。


否定形の言葉はマイナス感情を生み出してマイナス思考にさせますが、肯定形の言葉はプラス感情を生み出してプラス思考にさせます。物事を成功させるためには、プラス思考が前提なので、言葉の使い方も気をつけましょう。

POINT

脳は否定形の言葉のイメージが苦手。

進みたい方向に意識を向ける肯定形の言葉に置き換える。

2章

自信のない
自分に負けない！

01

「自分には何もない…」と卑下してしまう人は、強引に「物事のプラス面」を見つけよう！

自己肯定感を高める

私は様々な企業の後継者へのリーダーシップ教育も行っています。ある企業の二代目を継がれる予定の専務の話です。彼は小さい頃から、一代で地域の優良企業に育て上げた創業者である父親の背中を見てきて、「とても敵わない」と思っていました。どこに行っても「お父様にはお世話になっております」「お父さんはスゴイですね」と言われ、常に比べられることへの反発心もあったようです。

実は、専務はもう一つ大きな悩みを抱えていました。それは、これまで自分で何かをやり遂げた経験がなく、何に対しても自信をもてないということでした。そんな状態では何をしてもうまくいくはずがありません。だからこそ、なんとかして自信をつけたい。

そこで重要になるのが「自己肯定感」です。つまり、「自分はできる」「自分が好き」という感情のこと。**自己肯定感を高めることが自信につながります。**

自己肯定感を高められるかどうかは、普段から自分のどの面を見ているかがポイントになります。自分自身の否定的な面ばかり見ている人は、どうしても否定的な感情を抱きやすく、したがってなかなか肯定的な姿を思い描くことができません。

うまくいかなかったり失敗したりすると、多くの人はその物事のマイナス面ばかりを見て不安や不満を抱き、否定的な感情になります。これが繰り返されると、自己肯定感はどんどん低くなっていくのです。

しかし、**すべての物事にはプラスとマイナスの面があります。どちらの面を見ているかで、その後の行動が変わり、結果が変わるのです。**例えば、コップに水が半分入っている状態を「水が半分しか入っていない」と思う場合は、水が入っていない部分に目を向け、この状態をマイナスに捉えています。逆に「水が半分残っている」と思う場合は、水が入っている部分に目を向け、この状態をプラスに捉えています。

無理やりにプラス面を見出す

先ほどの専務は「できなかった」ことに目が向き、「できない」という思い込みが作られていました。でも、彼は本当にできなかったことばかりなのでしょうか？　いえ、違います。物事にはマイナス面だけでなく、必ずプラス面も存在しています。例えば、「売上目標が未達だった」という事実に対して、マイナス面では「このままでは専務失格だ」となるでしょう。しかし、プラス面に視点を置くと「これまでのやり方ではうまくいかないことがわかった。新たな提案をするチャンスだ」とも言えます。実際に、この専務は新たな取り組みを考え、増収増益に大きく貢献したのです。

近年、学校でも自己肯定感を高めることに大きな関心が集まっています。「自分にはできないかもしれない」「自分はダメかもしれない」と、物事のマイナス面ばかりに囚われている子供が増えているからでしょう。もっと言うと、親や学校の先生などの周囲の大人自身が、将来に明るい希望を抱いていないことが大きな原因だと思います。
何事もマイナス面だけではなく、プラス面にも視点を移すように心がけるようにしましょう。

POINT

自分のマイナス面ばかり見るのはやめて、何でもいいのでプラス面を見つける。

02

追い込まれた時ほど、嘘でもいいから笑顔を作ろう!

奇跡の逆転劇を生んだ〝笑顔〟

２０１４年夏の高校野球石川県大会での前代未聞の大逆転サヨナラ劇は〝笑顔〟で始まりました。甲子園をかけた決勝戦。私がメンタルコーチとして関わっている星稜高校は８回を終了して０対８で、小松大谷高校にわずか２安打に抑えられ、完封負け寸前の状態でした。

ところが、星稜高校は９回裏に打者13人で、１本塁打を含む８安打と２四球を絡めて９点をもぎ取ったのです。この奇跡の勝利は日本全国のみならず、アメリカでも「日本の高校チームが逆境に打ち勝った。最もワイルドな９回だ」と報じられました。これがもし準決勝までの試合だったら７回コールド負けでしたが、決勝戦だったので適用されませんでした。運も星稜に味方した、本当に奇跡的な出来事だったのです。

この時の星稜の選手たちは大量リードを奪われていたにもかかわらず、「もうダメだ」といった表情や態度を見せず、最後の最後まで自分たちを信じていました。さらに監督もじっと我慢し、選手を信じて鼓舞し続けました。このメンタルの強さが勝利を呼び込んだのです。

実際、「これはマズイ!」「このままでは負ける!」という場面で、「ポジティブにいけ!」「楽しんでいこうぜ!」といくら言われても、なかなか難しいものです。逆にプレッシャーになってしまうこともあります。口では「ここからだ!」「楽しんでいこう!」といくら言っていても、表情は硬いまま…。これでは、本当に楽しんでいる状態にはなかなかなりません。そんな時、私は笑顔になることをオススメしています。

私たちは物事がうまくいくと明るく楽しい表情になりますが、反対にうまくいかなかったりイヤなことがあったりすると暗く寂しい表情になります。それは、脳がこれまで行ってきた表情や動作を感情と一緒に記憶しているため、その時々の出来事や描いたイメージに応じた表情や態度、動作をフィードバックしているのです。

この脳の機能を利用すると、表情や動作によって、より早く身体の調子を整えることができます。特に笑顔は強力です。**笑顔を作ると、脳は「この状況は楽しいんだ」と解釈して、脳幹から報酬系のドーパミンや幸福感を得るエンドルフィンというホルモンが分泌されやすくなり、能力を発揮しやすくなるのです。**

誰でもできる最強の心の技術

「あの人はうまくいっているから明るく楽しくしている」とよく思われがちです。不思議なことに、人生がうまくいっている人はみな明るい心を持っているものです。逆に、いつも不平不満ばかりこぼしている暗い心の持ち主の人生はどうでしょうか。実は、**うまくいっているから明るいわけではなく、明るくしているからうまくいくのです。**何があっても、どんなことがあっても明るく受け止める。これが最強の心の技術です。

「明朗」は、何があっても明るく、朗らかという意味ですが、自分にとって都合の悪い場合や逆境にいる場合でも明朗でいられると、人生はどんどん好転していきます。そのために、私も〝笑顔〟でいることを実践しております。

さぁ、今日から笑顔の練習をしましょう（笑）。

POINT

表情や言葉をコントロールすることで、マインドは変えられる。

03

失敗を引きずっていたら、「3秒ルール」で変えよう！

申し訳ございません…
コアラだってやれる！コアラだってできる！
ガチャッ

勝負を分けるメンタルチェンジ

語り継がれている甲子園の名勝負があります。それは1996年第78回夏の甲子園大会決勝、熊本工業vs.松山商業のいわゆる〝奇跡のバックホーム〟です。9回裏、あと1人で松山商業の優勝が決まる場面で、熊本工業の1年生がホームランを打ち、土壇場で同点に追いつきます。その時、松山商業のピッチャーがマウンドで崩れ落ちますが、内野陣がすぐさま抱え起こして声をかけます。

そして10回裏、熊本工業は1アウト満塁で打者がライトに大飛球を打ち上げました。この瞬間、熊本工業の選手もスタンドも「勝負が決まった!」という表情でボールの行方を見つめます。しかし、ライトが捕球してすぐさまバックホームし、3塁ランナーがホームを突くも間一髪アウトでチェンジ。試合はまだ終わりませんでしたが、熊本工業の選手は完全にメンタルが崩れてしまいました。そして、11回表にエラーから3点を失い、勝負あり。メンタルを切り替えられた松山商業と、失意のどん底に落ちてしまった熊本工業。**ピンチ後の気持ちの切り替え**

が勝負を分けたのです。

ビジネスの現場でも、「お客様からクレームが来た」「プレゼンで大きなミスをしてしまった」といったピンチに陥ったら、どうでしょうか。圧倒的多数の人は、「マズイ！」「困った！」と脳が瞬時に〝不快〟反応を示します。このような状態では正しい判断をできなかったり、積極的な行動をとれなくなったりします。

「勝った」と思った後にホームランを打たれる。
「商談成立」と思ったら競合他社に決まったと告げられる。
「合格した」と思ったら不合格だった。

いずれもガッカリするでしょうが、実は命運を分けるのは〝その後〟なのです。落胆して立ち直れなくなるか、すぐに切り替えて次の展開を考えられるかが勝負の分かれ目です。

自分だけのマジックワードをもつ

実は、何度ピンチに直面しても再び立ち上がり、ついにはチャンスをものにできる人というのは、脳がいったん〝不快〟になってもすぐに〝快〟にできます。これを「3秒ルール」と呼んでいます。3秒以内でメンタルを切り替えるという意味です。時間が経つと脳に深く記憶されてしまうので、すぐに切り替えることが重要になるのです。

具体的には、**脳が不快な反応を示したときにガッツポーズなどのポジティブな動作をしたり、「できる」「まだまだこれからだ」「チャンスが来た」とプラスの言葉を使ったりして、すぐに気持ちを切り替えます。**脳は入力よりも出力を信じる法則があるので、出力する動作・表情・言葉が重要になるのです。

POINT

失敗の記憶を引きずることはある。
3秒ルールでメンタルを切り替える。

04

ダメだとわかっていてもやってしまうことは、少しだけでも間を置こう!

「わかっちゃいるけど、やめられない」はやめられる?

ダイエットしたいのに、つい甘いモノに手が伸びてしまう。
時間を有効活用したいのに、ついFacebookをずっと眺めてしまう。
試験勉強しなければいけないのに、つい友達とのLINEにふけってしまう。

行動を起こそうとしているのに、それを邪魔する感情が顔を出してしまうことを「意志が弱い」などとよく言いますが、実はそうではありません。ただ、脳の反応がそうさせているだけです。脳は、経験や体験をどんどん記憶していきます。中でも脳が〝快反応〟を起こしていることは、何度も続けようとしてしまうのです。

ダイエットと並ぶ、なかなか達成できないことに禁煙があります。これも、脳が吸いたいと思ったら無意識にタバコに手を伸ばしてライターで火をつけて、ふぅ〜っとひと息することに〝快〟になっているわけです。

これが繰り返されると、脳に〝快〟情報としてどんどん記憶されます。タバコを吸うことに脳が〝快〟反応を示している限り、禁煙はできません。無意識的にタバコを欲しているのに、意識的に代替用品を使ってもストレスになるだけです。

何かをやめたい時のための「すぐやらない技術」

私はこれまでタバコを吸ったことがないので喫煙者の気持ちはわかりませんが、禁煙したい方には脳の機能を利用した効果的な方法をアドバイスしています。それは、**意識して〝間を置く〟**ことです。タバコを吸いたいと思ってもすぐに吸わず、少し時間を置いてみるのです。行動をすぐに起こさないと脳は「回避反応」を起こすので、タバコを吸いたいという気持ちが薄れていきます。そうすることで、タバコ＝快という公式を崩していくのです。

さらに、タバコを吸った後に「またこれで一歩寿命が短くなったな……」などと怖いマイナス言葉を使います。それを続けるうちに、脳がタバコ＝不快と反応するようになります。

いけないとわかっているのに、ついやってしまうことは、まず意識して間を置きましょう。その後にマイナス言葉を使うと、なお効果的でしょう。

POINT

ついやってしまうのは脳が快反応を示しているから。やりたくなったら意識して時間を置いて回避反応を示す。

05

大事な場面でガチガチになってしまう人は、呼吸を意識してコントロールしよう！

緊張をほぐすシンプルな方法

大事なプレゼンや商談、試合、試験などで、緊張し過ぎて失敗した、能力を発揮できなかった経験がある方は多いのではないでしょうか。手が震えたり、頭が真っ白の状態では、最高のパフォーマンスは発揮できません。「落ち着かなきゃ」と理屈ではわかっていても、手が震えたり、表情がきつくなったり、貧乏ゆすりをしたり、余計に緊張状態が高まる悪循環を生みがちです。思いでコントロールしようとしてもダメなのです。

そのような場合は、呼吸や代謝、体温調節などを行う自律神経を制御することで、最適な緊張状態を作りましょう。つまり、呼吸を通して自律神経にアプローチします。呼吸は脈拍や体温などと違い、自律神経の中で唯一意図的にコントロールできます。息を吸うと緊張を高める交感神経が活性化され、息を吐くとリラックスする副交感神経が活性化されます。**緊張が高まったら、息を吐くことで副交感神経を優位にすればいいのです。**

具体的には「腹式呼吸」を行います。深呼吸と違い、息を吐く時にお腹を引っ込めて、息を吸う時にお腹を膨らませます。**ポイントは、ストローをくわえた状態をイメージして息を〝細く長く〟吐くこと。**そうすることで、段々と緊張がほぐれてリラックスできるようになります。

筋弛緩法を活用する

腹式呼吸でも身体の力が抜けない時は、筋《きん》弛《し》緩《かん》法《ほう》を先に行いましょう。いつの間にか自然に入った力を抜くことは難しいですが、自分で意図的に力を入れてから一気に脱力することで身体に入った力を抜くことができます。例えば握りこぶしをつくってから脱力する、肩に力を入れてギュッとすくめてから一気に肩の力を抜く。緊張していると感じたら、筋弛緩法で力を抜いてから腹式呼吸でリラックスモードを作りましょう。

大事なのは、緊張した時に自分はどのような反応をするのかをわかっておくこと。その兆候がわかれば、対処が可能です。

POINT

自分が緊張した時にどうなるか把握しておく。意識して息を吐くことで自律神経をコントロールする。

06

プレッシャーで膝がガクブルの時は、自分が報いたい人に意識を向けよう！

プレッシャーとの正しい付き合い方

プレッシャーを感じてしまうのは、失敗に対する恐れがあるからです。「失敗したら怒られる…」「ここで決めないと何を言われるかわからない…」といった心理状態では能力をうまく発揮できません。では、プレッシャーを感じた時はどうすればいいのでしょうか。

２０１６年に開催されたリオデジャネイロ五輪で、陸上棒高跳びの澤野大地選手が７位入賞しました。日本人選手として、実に64年ぶりの快挙です。澤野選手は前年の日本選手権で右アキレス腱を断裂し、その後もケガが続く苦境を乗り越えての活躍です。36歳で大学講師として働きながら競技を続ける中での３度目の五輪で、初の入賞を手にしました。澤野選手は、「ウォーミングアップ場から、これまでお世話になった人の顔が浮かんできた」と言っています。お世話になった人たちを喜ばせたい、恩に報いたいという心境になって、プレッシャーから開放されたのでしょう。

また、競泳女子200メートル平泳ぎでは、金藤理絵選手が圧倒的な強さで金メダルを獲得しました。27歳の金藤選手は、2008年の北京五輪で7位、続くロンドン五輪では代表権を得ることができませんでした。その後3年間は国際大会で結果を残せず、引退も考えていたと言います。そんな挫折ばかりの金藤選手の背中を押したのは、家族であり、コーチでした。「応援してくれる人のために」——そんな気持ちが、笑顔と涙が入り混じった、複雑な表情に表れていました。

お二人ともに幾度の挫折にも屈せず、本番でのプレッシャーを見事に力に変えられたのです。

喜ばせたい人は誰ですか？

私自身、起業したての頃は毎日が「この講演で失敗したら二度と声をかけてもらえないかもしれない…」といったプレッシャーとの戦いでした。だからこそ、うまくいかなかったのです。「失敗したらマズイ」と思っているということは、自分だけに意識を向けて仕事しているということです。廃業寸前まで追い詰められたことで、そもそもどんな仕事をするかもわからない若造に依頼してくれることがどんなにありがたいことなのかと気づかされました。それからは、依頼者を喜ばせるためにはどうしようかと脳がワクワクし始めました。

自分にしか意識が向いていないと、「失敗したらマズイ!」というプレッシャーに押しつぶされそうになりがちです。そんな時は「誰かを喜ばせたい」と脳がワクワクする状態を作りましょう。自分の心の支えになるような人への感謝や恩返しの気持ちがプレッシャーから開放してくれるのです。

POINT

プレッシャーは自分だけに意識が向いている証拠。自分以外の誰かに意識を向けてみる。

3章

環境に不満な自分に負けない！

01

顔を見るのもイヤな人と働く時は、「新種の珍獣を発見した」と考えよう！

上司にイライラしても仕方ない

「上司からパワハラを受けたら、どうやってメンタルを維持すればいいですか？」

セミナー受講者から、このような質問をいただきました。

「お前はどうしていつも契約を取れないんだ！」「俺の言っていることがわからないのか？」などと上司から攻められると、イライラすることもあるでしょう。

しかし、いくら上司に腹を立てたところで何も変わりません。むしろ対応がもっと悪くなることが予想されます。そんな時は、自分の中の相手への感情を変えましょう。

一緒に仕事したくないような人は、「面白い珍獣、発見！」と思えばいいのです。

私の場合は、「珍獣が何か吠えているけど、何を言っているのかわからない」と思いながら話を聞いています。新たな珍獣を発見するたびに、「新種の珍獣を発見！」「地球外生物だ！」などと楽しんでいると、あちこちに結構珍獣が潜んでいることがわかります。そのように対応していると、パワハラ発言も自分には届きません。ただ、相手に対する態度や表情は崩さないようにしましょう。

相手への感情は変えられる

相手の言動にいちいちネガティブになっていると、顔を見るだけでマイナス感情が表に出るようになります。これでは仕事も辛くなってしまいます。相手に感情を振り回されることは避けたいものです。

相手を変えることはできなくても、自分の中の相手への感情は変えることができます。「珍獣だ」「宇宙人だ」と思っていると、クスッと笑えてくるものです。「この珍獣はどんな習慣があるのだろう？」「この珍獣をゲットできたら誰と対決させよう？」などと考えていると、むしろワクワクしてきます。

このように書くと、ふざけているように思われるかもしれませんが、実は大事なことです。どんな感情で臨むかで結果が変わりますから、常にプラス感情でいきましょう。そのために相手のイメージを変えることで、相手に対する感情を変えてしまうわけです。「ちょっと可愛いね」と思えると、憎たらしい相手ですら愛らしく見えてきますよ。

POINT

イヤだと思い込むと、顔も見たくなくなる。認識を変えて、相手に対する感情を変える。

02

「いまの環境はサイアクだ……」と不満な人は、
「変革できたらサイコーだ！」と想像してみよう！

何でも周りのせいにする人の思考パターン

「当事者意識をもちなさい」という言葉をよく耳にします。他人事ではなく自分事として捉えて行動しなさいということですが、つまり「自分がやらなければならない」という使命感をもつことです。使命感は、自分の果たすべき役割は何かという意識から生まれます。

例えば、日本の問題点を認識している人は多いでしょうが、それを解決するのは自分の役割だと感じていないので、ほとんどの人は他人任せです。同じように、いま自分が置かれている環境が悪いからといって、不満を言うのは他人事と捉えていると言えます。このような人は、「やる気が失われたのは○○のせいだ」「結果が出ないのは××がうまくいかないからだ」と何でも周りが悪いと考えます。

「自分は悪くない」という自己防衛本能が強く働くと、自己を正当化し、人や環境のせいにしてしまいます。これを繰り返していると、拒絶↓逃避↓諦めの思考パターンが作られ、成長することができません。逆に、周りの人や環境を肯定的に感じることができれば、起きた問題もポジティブに受け止めて取り組むことができ、成長の機会と捉えられます。

一流の経営者やスポーツ選手など何かを成し遂げた人は、例外なく自分の身に起きた逆境を「成長する機会」と肯定的に捉えています。成功した後に振り返ると、あの環境が自分を成長させてくれた、という心境になるでしょう。

成功体験がなければイメージすればいい

成功体験がない人でも、**イメージの力を借りることで環境を肯定的に感じることができます。**私たちの脳は、イメージと現実の体験を区別せずに記憶するという特徴があります。つまり、何度も思い描いたイメージは、あたかも経験したことと同じように記憶されるのです。

そこで、まずは自分事として役割を果す姿勢を作り、最悪な環境を自分が改善している姿をイメージします。それによってワクワクしている状態を鮮明に描くことができれば、行動のモチベーションになります。目の前の不満因子に振り回されることがなくなり、変革した自分になろうと考え出すでしょう。そして、変革を成し遂げた自分からいまの自分を見ることで、どこをどうしたらいいのか、何をすればいいのかがわかるようになるのです。

いまの環境に不満を感じている時は、自分が変革した状態を思い描き、その状態から自分を見てみます。そして、「私が変革してみせる!」と言い聞かせましょう。

POINT

自分が環境を変革した状態から、いまの自分を見てみる。

03

何のために働くのかわからない時は、問題意識を高めよう！

まず問題意識をもつ

前向きに頑張りたいけれど、自分が何のために働いているのかわからないと悩んでいる人がいます。周りの人に「とにかく目の前のことを一所懸命やればいいんだよ」とアドバイスされても腑に落ちない。彼らの特徴は、言われたことだけやっているところです。つまり、指示待ち人間になって自ら主体的に行動できなくなっているのです。

そういう場合は、所属している組織の問題を洗い出してみましょう。

・技術面で競合他社に劣っている
・当社のサービスが顧客から見てわかりにくい
・製造原価が高コスト構造になっている
・コミュニケーション不足で意思疎通がうまくいってない

そして、**自分なら問題をどのように解決していくか具体策を考えるのです。**これで、何をすればいいか明確になりました。あとは会議で提案するなり、自分の仕事の中で解決に向けた取り組みを行えばいいのです。

自主的よりも主体的になる

このように問題意識をもつことで、主体的に物事に取り組めるようになります。同じような言葉に「自主的」という言葉がありますが、「主体的」とは異なるので、違いを明確にしておきましょう。

「自主的」とは、自ら進んでやろうとすること。よく仕事などで「言われる前にやれ」と言われることがありますが、これが自主的に行動するということです。つまり、やるべきことが明確になっていて、そのことを率先して自らやれるということ。

これに対して「主体的」とは、やるべきことをやるだけにとどまらず、なぜやる必要があるのか、自らの責任でどうすれば効果的なのかを考えて行動できることです。二つの違いを簡単に述べると、自分で考えるか、考えないかということ。

いま求められているのは、「主体的に動ける人」です。そのために、自分が属している組織の問題に常に関心をもちましょう。

POINT

何をすればいいかわからないのは問題意識がないから。取り巻く環境の問題を考えて行動する。

04

「この会社ではいい仕事ができない」と思ったら、「むしろ、ここがいい！」と口にしよう！

逃避目的の環境変化はうまくいかない

仕事柄、転職や起業の相談を受けることがありますが、その多くは「もっと自分の能力を発揮できる会社に転職したい（起業したい）」という相談です。つまり、違う会社に移ったり、違う仕事に就いたりすれば、能力を発揮できると思っているのです。

このようなご相談に対して私がお伝えしているのが、「いまの仕事で結果を出せないのに、違う仕事で結果を出せるとは思えません。どうしても転職したいなら、まずはいまの環境で結果を出してみてください。そうすれば、転職（起業）しても結果を出せるようになるでしょう」ということ。ましてや起業となると、会社という看板を失うことになるので、なおさら結果を出せるとは考えにくいでしょう。

結局のところ、いまの環境からの逃避目的で転職や起業をしようと思っている人は、なかなか成功しません。何度転職しても同じことを繰り返すだけです。しかも、待遇等の条件は転職のたびに悪くなるかもしれません。しかし、いまの仕事で結果を残してからの転職であれば、好条件で次の職につける可能性があります。

“受け取りの達人”になる

いまの環境で結果を出せるようになるには、どうしたらいいのでしょうか。そのための魔法の言葉が、「これがいい」です。

日頃から愚痴や悪口などを繰り返していると、四六時中ストレスを抱えた状態になり、能力を発揮できなくなってしまいます。**起きた出来事を否定的に受け取っていると感じたら、「これがいい」と受け取り方を変えてみます。**できれば口にしたほうがいいでしょう。

私たちの脳は入力（思い）よりも出力（言葉・表情・動作）を信用するという法則があります。「これがいい」と言葉にすることで、脳はそのことを受け入れやすくなるのです。

例えば、仕事でマズイ出来事が起きても、それを否定的に受け取って「これは何かの間違いだ」と拒絶してしまうと、トラウマになって事あるごとにフラッシュバックが起き、能力発揮を妨げる要因になってしまいます。

しかし、その出来事を「これがいい」と肯定的に受け取ることで、そのことの本質を見ようとします。さらに、これから何をどう変えていけばいいのか前向きな思考が働くのです。

一見、否定的に見える出来事でも、肯定的に受け取ることで受け入れることができるようになります。物事の良い面を発見しやすくなり、その後の結果も変わります。つまり、受け取り方次第で結果が変わるということなのです。

「あの出来事のおかげで成長できた。ありがたい」

「あの時のケガがあったからこそ、いまの自分がある。ケガに感謝です」

普通は肯定的に受け取るなんて無理なことでも、そうすることで逆境や壁を乗り越える力につながります。ぜひ、〝受け取りの達人〟を目指しましょう！

POINT

いまの場所で成果が出せないなら、どこでも同じ。ここが自分の居場所だと受け入れる。

4章

面倒くさがり屋な自分に負けない！

01

わかっちゃいるけど行動できないことこそ、あえてすぐ手をつけよう！

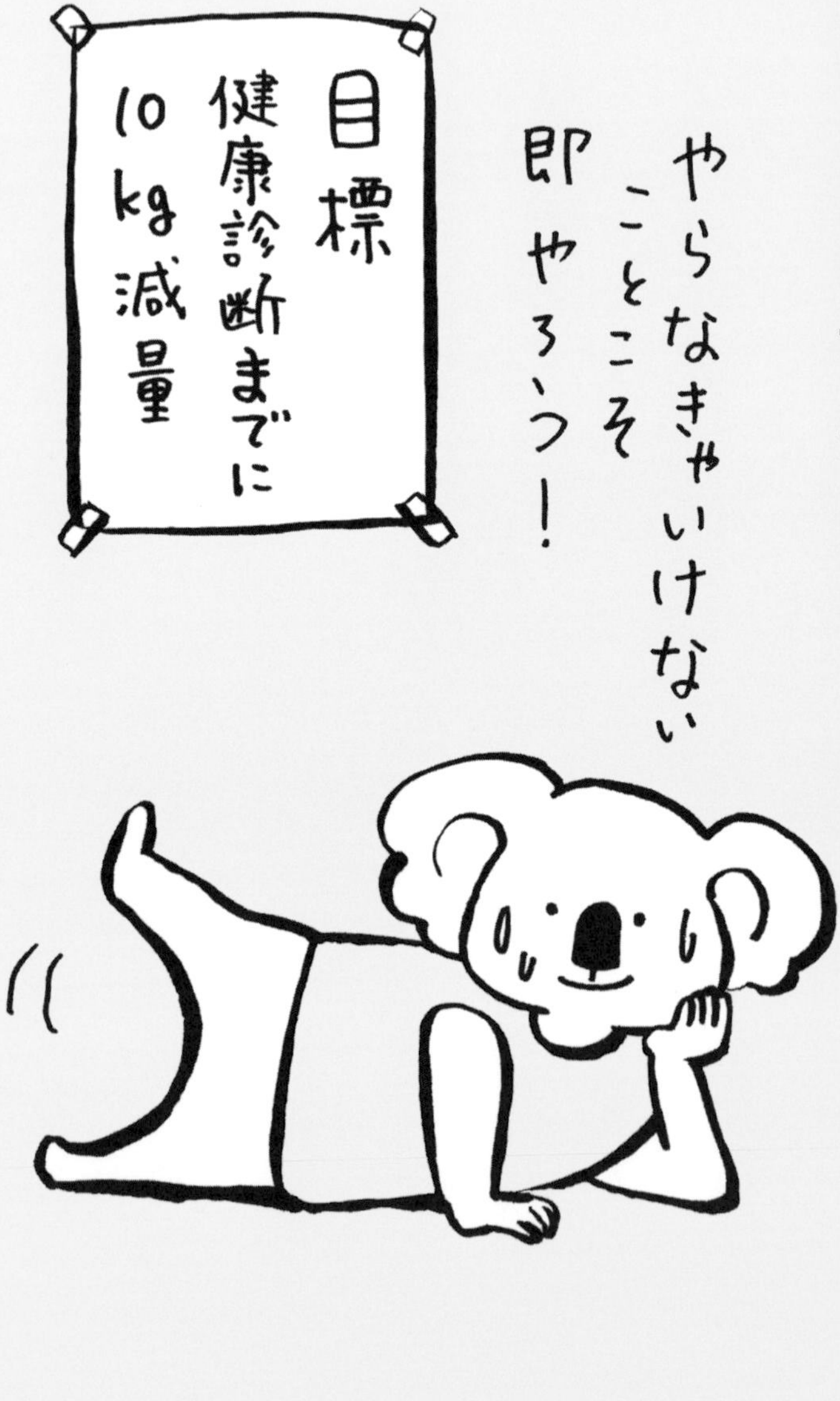

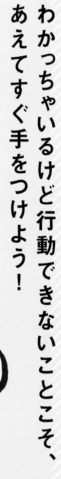

違いをもたらす感情

「やらなきゃいけないと思っているんですが、なかなか行動に移せないんですよ」

こんな相談をよく受けます。理屈では「この目標を達成しなきゃ」「この仕事をしなければ」とわかっているのに、なかなか具体的な行動に移すことができない…。これでは当然結果も出せません。

例えば、ダイエットで考えてみましょう。体重を減らすためにジムでトレーニングを始めるものの、1ヶ月もするとジムに足が向かなくなって諦めてしまう人が多くいます。痩せるためには、トレーニングしなければいけないと頭ではわかっているのに、ついサボってしまう…。

ちなみに、私自身は2年前に人生初のダイエットを試み、2ヶ月で目標の10kgの減量に成功しました。いまでもリバウンドなく体重を維持しています。

このように、ある事柄に対し、やる気にならずに諦めてしまう人と、やる気になって集中できる人がいます。この違いをもたらすのは何でしょうか？

それは〝感情〟です。快・不快を判断する扁桃核が「快」になるとプラス感情になり、大脳新皮質（右脳、左脳）もプラス思考になり、脳幹からプラスのホルモンが分泌されます。

逆に感情が「不快」になるとマイナス感情になり、大脳新皮質もマイナス思考になり、脳幹からマイナスのホルモンが分泌されます。


食べたものがおいしいと、また食べたくなる。

ディズニーリゾートが楽しいと、また行きたくなる。

ゴルフでいいスコアが出ると、またやりたくなる。

このように〝快〟の刺激を受けた時に、脳からドーパミンが分泌されます。ドーパミンは報酬系のホルモンで、欲求が満たされた時や満たされそうになった時に分泌されます。さらに、目標を達成した時だけではなく、目標を設定した時やそのプロセスでも分泌されることがわかっています。だから、目標をどんどん実現している人は、実現までのプロセスも楽しんでいるのです。

しかし、多くの人は目標の実現をイメージできないばかりか、そのプロセスも脳が不快だと判断しているため、ドーパミンが分泌されません。むしろ、ゲームやマンガ、SNSなど目標実現の妨げになるようなことに扁桃核が快反応を起こしています。それらのことにドーパミンが分泌されると、何度も繰り返し行うようになってしまいます。これを「接近反応」と呼びます。

結局、「すぐやる!」が一番の早道

では、やらなければいけないことに対して、感情を「快」にするにはどうしたらいいでしょうか。その効果的な方法は、**やるべきことがあったら即座に手をつけること。さらに、「よし、できた!」「楽しい♬」などとプラスの言葉を使うこと。**脳は入力(思いやイメージ)よりも出力(言葉や動作・表情・行動)を強く信用するので、意識してプラスの出力をします。

なかなか行動できない理由は、その事柄を「やりたくない」「イヤだ」と思っているからです。結果として行動しないと、脳はその事柄からますます「回避反応」を起こすようになるのです。

やるべきこと、やらなければならないと思っていることはすぐに取りかかる。さらに、やった後に「できた！」「いいね♬」と言いながらニッコリ笑顔を作る。そうすることで、その事柄に脳が接近反応を起こし、繰り返すうちにどんどんやりたくなっていくのです。

POINT

やるべきことはすぐ手をつけないと、ますますやりたくなくなる。反射的にすぐ手をつけることが大事。

02

仕事のテンションが上がらない時は、「達成して喜んでいる自分」を描こう!

目標に向かう前にすべきこと

次々と目標を実現する人もいれば、目標と聞いただけでマイナス思考になってしまう人もいます。この差は、どこから生まれるのでしょうか。

実は、目標を達成できない人のほとんどは、「できないと思う…」という諦めや、「しなければいけない」という義務感を抱いてしまっています。理屈では「達成しなければ！」とわかっているけど、感情では「でも、本当はやりたくないんだよね…」という状態です。

それでは、いくら論理的に説き伏せても目標達成は難しいでしょう。なぜなら、私たちは感情によって動いているからです。目標や達成のための取り組みに対して、脳がどのように感じているかの影響は大きいのです。

多くの人は、目標を明確にすることの重要性は知っています。事実、そうすることで達成に向けた具体的な行動をしている人が成功しています。頭では理解しているのに、実際に目標に対してマイナスイメージをもつ人が多いのはどうしてでしょうか?

それは、失敗や諦めによるマイナス感情を脳が強く記憶し、ポジティブな成功イメージを描けなくなっているからです。特に、日本は努力と反省、短期的な目標が優先される文化のため、幼い頃から夢を描く習慣があまりないことも原因の一つでしょう。

ですから、**まずは目標に対する肯定的な感情を作りましょう。**

目標を達成しなければいけない、勝たなければならない、合格しなければならない、などの「〜しなければ」という表現は義務感とプレッシャーを生みます。自分にプレッシャーをかけることで、どんどん前に進める人はいいでしょうが、圧倒的多数の人は「辛いなぁ…」といったマイナス感情が芽生え、なかなか行動に移せないものです。これでは、「どうせできない」「しなければいけない」といった目標になるだけです。

イメージを作ることの大切さ

まず、目標を達成して喜んでいる状態をイメージしましょう。イメージで体の動きが変わることを理解できない方もいると思いますが、私たちが行動する時には必ずイメージが先行しているものです。イスに座る時も、コーヒーを飲む時も、バットを振る時も、「イスに座る」「コーヒーを飲む」「バットを振る」というイメージを先に作ってから、体に動きを指示しています。同じように、目標達成のイメージを何度も描き続けることが成果を決めます。

ビジネスの世界でも戦略や戦術を学んでいる人は多くいますが、その中でうまくいくのはひと握りの人だけ。なぜ、ほとんどの人はうまくいかないのでしょうか？　答えは簡単です。成功しているイメージをもてないからです。

目標を達成している自分をイメージしましょう。鮮明に、あたかもその場にいるように努力が実って喜んでいる自分を感じましょう。このようにイメージできると、脳がワクワクして目標に向けた行動がしやすくなるのです。

POINT

「達成しなければいけない」では達成できない。達成したくなる状態を自分で作る。

03

順調に事が運んでいる時ほど、「最悪の場合はこうする」と考えよう！

真のプラス思考とは

プラス思考とは、ピンチの時に「もうダメかも…」とマイナス思考に陥って何もできなくなるのではなく、「やってみよう」とプラスに気持ちを切り替えることです。しかし、これは何でもかんでもプラスに考えることではありません。

例えば、野球で互いに一歩も譲らず1点を争う緊迫した試合展開で、最終回にノーアウト満塁のチャンスが到来したとします。点が入ることばかりを願っていると、それが叶わなかった時にマイナス思考に陥りがちです。自陣のピッチャーとしては、点が入らず延長戦に突入してもしっかり抑え続けることを楽しみにすることが大切です。このような脳の状態にできると、どんな状況でも力を発揮できるでしょう。

リオデジャネイロ五輪の卓球女子団体3位決定戦で、日本がシンガポールを破り、銅メダルを獲得したのはまだ記憶に新しいところです。この時の日本は「中国との対戦、銀メダル以上」が必達目標だったそうですが、準決勝のドイツ戦で悪夢のような敗戦を喫してしまいました。約4時間にも及んだ激戦の上、勝たねばならない試合を落としたショックと疲労は相当なものだったと思います。その後の3位決定戦だけにモチベーションの維持も大変だったことでしょう。

注目したいのが、第2試合の石川佳純選手のコメントです。

「(第1試合の福原愛選手が勝って) 1―0でまわって来ても、たとえ (福原選手が負けて) 0―1でまわって来ても、必ず1―1には戻すという気持ちで臨みました」

もし、福原選手の勝利だけを願って試合に臨んでいたら、福原選手が負けた瞬間に気持ちが切れて、やる気を失っていたことでしょう。しかし、石川選手は福原選手の敗戦の可能性も想定していました。だからこそ、しっかりと集中して試合に臨むことができたのです。

最悪をシミュレーションして、なおかつ最善をイメージする。これが「真のプラス思考」です。石川選手は個人戦では悔しい思いをしたでしょうが、団体戦では全勝してしっかりとエースとしての働きをしました。まさに「真のプラス思考」をもった選手だと思います。

最悪の状況をシミュレートしよう

〝最悪の状況〟は、うまくいかない場合や問題が起きた場合に限りません。厄介なのが、順調に事が運んでいる時に気が緩んで油断が生じたり、集中力が切れてピンチを招いたりすることです。

春の高校野球石川県大会で優勝候補筆頭のある私立高校が、公立高校に０―１の完封負けを喫したことがあります。その時のキャプテンでエースは、「焦りが出ていた。精神面が弱かった」と漏らしていました。試合を見る限り、全くメンタル面が整っていませんでした。実は、このような結果になる予兆はありました。試合前、選手たちは高笑いしたり、大声で先輩や友人たちとはしゃいでいたのです。その様子をスタンドで見ていた私は、「この油断が命取りにならなければいいけど…」と思っていましたが、まさに初戦敗退という事態を招いたのです。

このようなことはスポーツに限らず、ビジネスの現場でも起こり得ます。何となくうまくいっていると、しっかり確認せずに「まぁ、このくらいでいいかな」とすませたり、「別にいまやらなくてもいいか」と先送りしたり、油断や慢心を引き起こすことがあります。だから調子がいい時に限って、ミスを犯すのです。

「こんなことが起きるかもしれない」「このままだと悪い結果を招くかもしれない」と油断や慢心からのミスや失敗をシミュレーションして、そうならないために何をすべきかを考えるようにしましょう。

POINT

常に備えていないと事が起きた時に動けない。
悪い結果になったらどうするかを考えておく。

04

ダルくて習慣化できないことは、毎日の行動と結びつけよう！

わかっちゃいるけど習慣化できない！

東京ディズニーリゾートでは、防災訓練を年間百数十回行なっている話を聞いたことがあります。1年のうち約半分は防災訓練をしている計算になります。だから、東日本大震災の時もキャストがスムーズに対処し、大きな混乱もなかったそうです。何度も何度も繰り返し行なってきたことが、習慣となって身についていたのでしょう。

同じように、私たちの普段の言葉、表情、行動はすべて習慣化されたものです。いまの自分は、これまで行なってきた（脳の）習慣の結果なのです。将来の自分を変えたければ、望む結果に向けた習慣に変えることです。

私がサポートしている高校でも、部活を終えて帰宅した後に、自分だけの練習をする選手がいます。通常の部活だけでも厳しいはずなのに、遅くなっても疲れていても、帰ったらすぐに自分だけの課題トレーニングをするそうです。そういう選手は、もちろん大会で大活躍しています。

普通なら「今日も厳しい練習で疲れた…」と言って夕食を食べ、風呂に入って寝る（もちろん勉強も）といった行動パターンが多いでしょう。それは、「厳しい練習＝不快」「すぐ寝ること＝快」という反応パターンになっているからです。ただ、このパターンを繰り返していては、抜きん出た成長は望めません。

どんな習慣が身についているかで結果が決まるのに、なかなか習慣化できないのは、その必要なことに対して「面倒だな」「ダルいな」と脳が不快な反応を示しているからです。そういう場合は、すでに習慣になっていることと結びつけるといいでしょう。

朝起きたら、すぐに◯◯をする。
歯を磨いた後は、◯◯をする。
帰宅したら、まず◯◯をする。

とにかく毎日の行動と結びつけて、続けられるようにしてみましょう。

京セラに学ぶ望む結果を得る秘訣

継続してやり続けることの大切さについては、京セラの研究開発の姿勢も参考になります。創業者の稲盛和夫氏がある講演で「京セラでは研究開発はどのくらいの確率で成功しますか？」という質問を受け、「手掛けた研究は１００％成功します」と回答されていました。なぜ、そのように言い切れるのかは、続く言葉に注目すればわかります。

「京セラでは、研究開発は成功するまでやりますので、失敗に終わるということは基本的にありません」

望む結果を得る秘訣は結局こういうことです。**粘りが夢や目標を実現させる。**

もう一つ、行動するために大事なのは、**行動したらご褒美をあげて自分を認め**

て（褒めて）あげること。人は認められ、褒められると、また頑張ろうという気持ちになります。「行動→達成→承認→快感→行動」というサイクルを回していきましょう。

POINT

不快に思っていることは習慣になりづらい。すでに習慣となっている行動と結びつける。

05

「誰もやらないだろう」と思うことこそ、むしろ自分がやろう！

苦難はチャンスである

人が成長する時に必ずぶつかるもの、それが苦難や逆境です。スポーツの世界でも、「逆転負けで悔しい思いをした」「ボロボロに負けて最悪だった」「ケガで1年間を棒に振った」などの苦難を乗り越えて、優勝できたという話はよくあります。あの時の悔しさ、苦しみがあったからこそ、今の自分がある。成功者の方々は口を揃えて言います。

つまり、**成長するためには苦難や逆境が必要なのです。**むしろ、今の自分を変えるチャンスが来たな、と喜んで受け止めることが大切です。

私の場合も、そういう意味であえて苦難や逆境を作ってきたと言えるかもしれません。高校野球を始めとするスポーツのメンタルサポートの道に進出しようとした時、正直「やりたいけれどリスクが高い」と思いました。なにしろスポーツの世界はビジネス以上に結果がすべてです。「飯山がサポートしても勝てないじゃないか」となれば、二度と依頼が来なくなってしまいます。ビジネス分野のコンサルタントやコーチがスポーツ分野に手を出しにくいのは、そういったリスクを感じているからでしょう。

しかし私は、だからこそ結果を出せば引き合いも増えるだろうと考え、意を決してスポーツの世界に足を踏み入れました。すると高校野球だけでなく、他のスポーツでも結果が出始め、オリンピックのメダリストも誕生しました。そして「ビジネスもスポーツもサポートでき、成果を作れるコーチ」という評価をいただけるようになったのです。

運もよかったと思いますが、うまくいった大きな理由として、苦難や逆境と向き合ってきたからこそ、リスクが高く誰もやらないことをやったからこそ、いまの自分があると思います。

差別化より独自化

ビジネスで競争を勝ち抜くためによく言われるのが、「差別化」です。埋もれずに見つけてもらいやすくすることが目的ですが、〝差別化〟と言っている間はしょせんは競争の中に埋もれている状態です。

そこで差別化ではなく、〝独自化〟することを考えてみましょう。唯一の存在、オンリーワンになるということです。

では、どうやってオンリーワンになるか。私が実践してきたことは、**「最初にやる」ということです。誰もやらないことを自分がやる。だからオンリーワンになれるのです。**

唯一無二の存在である〝あなた〟だからこそできることが、きっとありますよ。

POINT

誰もやっていないことは苦難も多い。だからこそ自分がやることで道を作れる。

06

「面倒くさいな…」と思うことこそ、「よし、やろう」と口にしよう！

思ってもネガティブな言葉は使わない

私たちはマイナス思考に陥ると、ついネガティブな言葉が口に出ます。

「面倒なことが多くて…」

「課題が山積みで…」

「問題があり過ぎて…」

そして、それらの言葉に〝感情が条件づけ〟されていくのです。


例えば、「仕事」「商談」「練習」「勉強」などの言葉をワクワクしながら使っていると、使えば使うほどプラス思考になってどんどん実行したくなり、よい結果を生み出しやすくなります。

逆に、それらの言葉をイヤだと思いながら使っていると、使えば使うほどマイナス思考になってなかなか結果を出せず、できない自分がますます作られていきます。「あまりに目標、目標って言うから、やる気がなくなってきた」というのは、目標に対し「面倒だ」「辛い」「面白くない」という否定的な感情が条件づけされているからです。実は、ただそれだけなのです。

なぜ、こんな条件づけがされてしまうのでしょうか。

それは、目標に向かうことが辛く苦しいことだと繰り返し思い続け（入力）、自分で口にしたり、表情や態度に表したりしてきた（出力）からです。さらに、目標を達成できなかった時に、散々責められ（入力）、落ち込む（出力）からです。つまり、このような入力と出力を繰り返して、「目標＝辛くて面倒なこと」となったのです。

脳はコンピュータと同じように、入力と出力によって記憶のネットワークを作っています。入力は「思いやイメージ」、出力は「言葉や動作、表情」です。

「楽しいな」と思うと「楽しい」という言葉になり、「笑顔」になります。

「面倒だな」と思うと「面倒だ」という言葉になり、「面倒くさそうな表情や態度」になります。

言霊は科学的に効果がある

日本では人が発した言葉には霊が宿り、その言葉通りの結果を導く不思議な力があると言われてきました。脳についてまだよくわかっていない時代に、経験則によって「言霊」として発見されていたわけです。**本心で思っていなくても、脳は言葉や動作・表情にすることで真実だと思って記憶します。**心で思ったことより適当に言ったことの方を脳が信用するなんておかしいと思われるかもしれませんが、たとえウソでも口癖として使っていると、使った言葉の記憶が作られ、言っていることが実現されていくのです。

これまでは「面倒くさいな…」と思ったら「面倒くさい」と口にしていたかもしれませんが、逆に「よし、やろう！」と口にしてみてください。意識して「よし、やろう！」と言うことで、ネガティブに思っていた事柄に対する感情をポジティブに切り替えます。これを繰り返すと、その事柄に対する否定的な感情はいつの間にかなくなります。

なかなか前に進めない自分を動かすには、ポジティブな言葉の力を使いましょう。

POINT

面倒に感じるといつまでも動けない。
無理やりでも言葉にすることで自分を動かす。

07

「○○をやりたい」ではなく、「○○をやる」と決めよう!

まずは「やる」と決めること

ある高校の先生から、「目標達成のために、〝これだけは必要だ〟という条件は何ですか？」と質問をされたことがあります。なかなか回答が難しいですが、いろいろ考えた結果、「必ず達成すると〝決める〟こと」と答えました。実際、私がこれまで達成すると〝決めていない〟ことは実現できていません。まさに、先ほどの京セラのスタンスと同じです。

「○○をやりたいと思います」
「○○ができるよう努力します」
このように表現していた目標は達成できませんでした。しかし、「独立起業して仕事をする」「起業後は○円売り上げ、○円家計に入れる」など、〝やると決めて〟具体的に行動し続けたことは実現できました。

さらに、**やると決めたことは宣言するといい**でしょう。

・サポート校を甲子園に導く
・サポート選手をオリンピックのメダリストにする
・A社からオファーをもらえるようになる

これらは、宣言することで実現しました。宣言すると風が吹き、周りが動き始めるのです。

ワクワクしながらやるからうまくいく

「こんなの、やってもやらなくても一緒だよな」

そんなふうに思うこともあるでしょうが、あなたならどうしますか？　もちろん、やらないと決めるのも自由です。ただ、「やらない」という選択は逃避の思考パターンになっているかもしれません。それは諦めの感情を生むので注意が必要です。無意識にそうなっているとしたら、すでにこの思考パターンで物事を考える癖がついているのでしょう。

逃避の思考パターンは意識して変えないと、繰り返してしまいます。そんな時は、意識して〝やる〟と決めて行動するようにしましょう。その際の大事なポイントが、「脳をワクワクさせて行う」ということです。

ソロアルピニスト栗城史多《くりきのぶかず》さんの話を聴く機会がありました。当時20代半ばの栗城さんは世界最高峰のエベレストを含め7大陸最高峰単独無酸素登頂を目指し、現在でもチャレンジを続けられています。とても壮大な夢ですが、必ず成し遂げるという強い信念を感じたことを憶えています。

「叶うかどうかに関わらず、夢があるからワクワクした人生を送ることができる」

栗城さんのこの言葉を聞いて我が事を振り返ると、確かにワクワクする夢があったからこそ、様々なことにチャレンジして来れたと思います。

成功するからワクワクするのではなく、ワクワクしながら取り組むから成功するのです。誰から言われなくても行動し続けることができるのは、取り組むことにワクワクしているからです。

すべては、やると決めることから始まります。
“やる”という勇気をもって、ワクワクしながら取り組めるようになりましょう。

POINT

やらない決断では成長はない。やる決断をしてみる。

08

なかなか前に踏み出せない時は、「小さな一歩」を作ろう！

小さく考えれば先が見えてくる

「大きな夢を描こう!」「高い目標を掲げよう!」と声を大にしても、なかなか行動に移せず結局一歩も踏み出せない人が多くいます。なぜ、そうなるかというと、「ゴールまでの道のりが遠い」と思うからでしょう。つまり、先が見えない不安があるということです。

それなら、先が見えるようにすれば、「まず、次のチェックポイントまで行こう」と行動しやすくなります。

コーチングに「チャンクダウン」という手法があります。チャンクとは、まとまった「かたまり」を意味する言葉で、チャンクダウンは大きなかたまりを複数の小さなかたまりに分割するということです。

世界最大の小売業者「ウォルマート」を築いた伝説の経営者サム・ウォルトンは、経営の要諦は〝小さく考える〟ことだと述べています。例えば、マーケット

（市場）を一緒くたに考えてマーケティングするのではなく、〝1人のお客のために何ができるか〟を検討する。店舗運営に関しても、全店舗を画一的に見て考えるのではなく、〝一店舗ずつ〟検討する。

このように、対象を小さな単位に分割することで扱いやすくなります。**対象を大きく捉えると漠然としたことしか考えられず、具体的に何をすればいいかわからなくなります。**それが、行動しない結果に繋がるのです。私も仕事でよくチャンクダウンを使いますが、簡単に言うと物事を具体的にしていく作業です。

「具体的にどうなったらいいですか？」（目標の明確化）

↓

「具体的にどんなことに取り組めばいいですか？」（行動の選択肢を見つける）

↓

「まずは何をしてみますか？」（優先順位を決める）

↓

「いつから始めてみますか?」(スタートラインを決める)
↓
「行動の評価はいつやりますか?」(行動の締め切りを決める)

実際はもっと質問は続きますが、このように**具体的な行動が見えると、一歩を踏み出しやすくなるのです。**

いきなり大きな目標を目指さない

夢や目標も細かくしていきましょう。ゴールまでの道のりに実現可能なチェックポイントである「小目標」を設け、そのための行動レベルまで落とし込んで「行動目標」を設けます。例えば、イチロー選手はメジャーのシーズン最多安打記録を達成した時に、「次の目標は次のヒットです」と言っています。いきなり「4000本を目指すぞ」なんて言ってヒットを打てなかったら、落ち込んでしまいます。すべては、1本のヒットの積み重ねですから。

二宮尊徳（金次郎）の7代目子孫にあたる方の講演で拝聴したのですが、二宮尊徳は亡くなる間際に、「名を遺さず、行いを遺せ」と言い遺したとのこと。この最後の言葉が表すとおり、尊徳は行動・実践・働くことを重要視し、「どんな時でも一歩足を踏み出す」ことを伝えていたそうです。

学校にある金次郎像は、本を持って薪を背負い、一歩足を踏み出しています。「薪」は働くこと、「一歩足を踏み出している」ことは実践・行動の大切さを表しています。大事なのは、本を読んでも実践を忘れるなということ。学んだことを実践・行動に移すために、まずは一歩踏み出しましょう。

POINT

大き過ぎる目標は小さく分割する。
具体的な一歩を見つけて踏み出してみる。

5章

後ろ向きな自分に負けない！

01

「〜しなければ…」と思ってしまう時は、
「できたらいいな♪」のスタンスで！

「思えない」から叶わない

甲子園常連の強豪校でも、何年も出場から遠ざかってしまうと甲子園で活躍している自分たちをなかなかイメージできません。ましてや一度も出場したことがなければ、甲子園に出場できるとさえ思えないわけです。

将来への肯定的なイメージが湧かないのは、将来に対する感情が否定的になっていることが原因です。義務的に夢をもたなければいけないと感じたり、「夢なんて叶うわけないでしょ」と最初から諦めたりしているのです。

昔から、「思えば叶う」「思考は実現する」と言われているように、夢や目標を実現させる第一歩は〝実現できる〟と思うことです。しかし、世間一般の常識では「思っただけで実現すれば苦労しないよね」というわけです。

学年最下位の生徒が東大に合格するのは可能です。

地区大会最下位のチームが全国優勝するのは可能です。

営業成績ビリの社員が全国トップの成績になるのは可能です。可能なのに実現できないのは、次のような理由があるからです。

東大に合格できると思うことが難しい。
全国優勝できると思うことが難しい。
全国トップの成績になれると思うことが難しい。

〝できる〟〝できない〟以前に、そもそも〝思えない〟のです。

あえて無責任になる

仕事は楽しいと思いながらやっていると、自然と頑張ることができます。たとえ楽しいと思えなくても、普通はやるべきことは頑張るでしょう。実は、圧倒的に多いのは後者のタイプ。「〜しなければ」「うまくやらなければ」と思いながら頑張る人たちです。

顕在意識で「楽しくやらなきゃ」「プラス思考でいこう」と言い聞かせても、潜在意識で「本音はイヤなんだよね」「本当はやりたくないんだよ」と否定的に思っていると、ストレスを溜め込んでしまいます。仕事を好きになろうとするのも同様の状態です。イヤだけど仕方ないと思いながら義務感で頑張っていると、脳は不快な反応を起こし、なかなか能力が発揮されず成果につながりません。ますます頑張らざるを得なくなるわけです。

こんな時は、**まず将来に対して無責任になりましょう。**夢をもったら実現に向けた行動をしなければいけないと責任を感じていると、夢をもつこと自体が苦痛になってしまいます。だから、あえて無責任になるのです。「できたらいいな」「なれたらいいな」「うまくいくといいな」で構いません。これまでの常識の枠の中で考えずに、常識の枠を外して自由に考えます。

そして、実際に自分の未来の年表に落とし込んでみるといいですね。

「10年後にはこうなっているといいな」
「5年後にはこんなふうになっていたい」
「1年後には…」

あくまで「なったらいいな」でいいのです。
まずは、将来の肯定的なイメージを作ることから始めるといいでしょう。

POINT

義務感やプレッシャーはやる気を奪う。
制約条件を外して、まずは将来に前向きなイメージを作る。

02

将来に希望を感じられない時は、何でもいいから積み上げよう

人生は掛け算

セミナー講師をした後の懇親会で、「飯山さんがこれまでに大変だったと思うことは何ですか?」と質問されることがあります。こういう場合、「あまり大変だったという記憶がないんですよね」といつも回答させてもらっています。

確かに社会に出るまでは、「子供の頃に父が失踪したので、母が借金を返済しながら大変な思いで私と妹を育ててくれた」「小中学生の多感な時期に太陽の光が差さない〝小屋〟のような家に住んでいた」など一般的に苦労と思われそうなことはありました。社会に出てからも、「とんでもないミスをして会社に大損害を与えた」「上司に意見して左遷された」「若気の至りで無理矢理退職して、カネなし・コネなし・学歴なし状態で起業した」など色々ありました。

ですから、「あんなふうになりたい」「こんなふうになりたい」という願望はあっても、「どうせ自分には無理だろうな…」と思う日々でした。そんな時に、この言葉と出逢いました。

「人生は掛け算だ。どんなにチャンスがあっても君がゼロなら意味がない」

佐賀県出身のイラストレーターの326さんの作品で、10年ほど前に出会って以来ずっと脳裏に焼きついています。

掛け算なら、ゼロに何を掛けても結果はゼロです。「なるほど。いまの俺もゼロだな」と思った時、まずは自分が1になり、2になることを目指そうと誓いました。

何でもいいから足していく

なりたい自分を描いて何を足すかを考えた結論が、メルマガ、ブログを書くことでした。これまで何をするにも途中で挫折していましたが、そんな過去の自分を断ち切るために書き続けることを決心しました。何度か挫けて更新が途切れたこともありましたが、そのたびにまた「1」を足していき、12年以上毎日更新し続けて今年の後半には4000本に到達予定です。おかげさまで、本書を含めて

４冊の著書を出すことができ、年間５００本以上の講演、セミナー講師を務められるようになりました。

最初は「０」でも、やり続けることで「１」が足されていくわけです。しかも、単なる「１」ではありません。**自分が「1」になり「2」になっていくことで、付き合う人、活躍の場が変わり、相乗効果で掛け算の結果がより大きくなります。**

「どうせ自分には……」と悲観している人は、とにかく何かを足して具体的な行動を積み重ねましょう。

POINT

できない自分に意識が向いている人は、何かをコツコツ積み上げてみる。

03

「とてもできそうにない…」と思う時は、過去の自分や憧れの人と対話しよう！

過去のポジティブな感情を思い出す

何かを目指していると、「自分にはできそうにない…」と悩む時期があるものです。辛い仕事や練習ばかりに目がいくと、夢や目標に向かって行動できなくなります。でも、それは能力が伸びようとする際につきものの、必ず通過しなければならない時期です。この時、どのように考え、どう行動するかで次のステージに進めるかどうかが決まります。

これまで成功体験が少なく、失敗経験ばかりが脳に記憶されていると、どうしても将来の自分に対して希望をもてず、ポジティブな感情になりにくくなります。しかし、いくら失敗経験ばかりの人でも、過去にうまくいったことや夢中になって取り組んだこと、心をときめかせたことなど、肯定的な感情になったことがあるはずです。

脳は未来よりも過去の経験の方がイメージしやすい傾向にあります。経験していないことよりも、実際に経験している分、脳に強く記憶されているからです。そのため、まずは過去の心躍る体験や胸が熱くなった出来事から、その時の前向きな感情を思い出しましょう。

過去に思い描いた夢や楽しみながら取り組んだことは何か。ワクワクしていた頃の自分は、今の自分とどこが違うのか。

このように脳に問いかけて、**過去の体験や経験から肯定的な感情を呼び起こした上で、将来の「できるイメージ」を作ります。**

憧れの存在をイメージする

ただ、それでも将来の夢や目標に対して「できるイメージ」をすんなり描けないこともあるでしょう。なぜなら、そのことをまだ経験していないからです。その場合は、**憧れの人や尊敬している人、なりたい自分を体現している人をイメージしましょう。**

その人は、何をしているのか。
なぜ、自分はその人に憧れを感じるのか。
その人と自分との間にはどんな違いがあるのか。

このように脳に問いかけることで、なりたい自分を体現している人物を通し、
将来像をイメージすることができるでしょう。

POINT

自分に希望をもてない時は、
過去に経験した肯定的な感情を思い出す。
憧れの人や尊敬する人をイメージする。

04

「どうせ」「だって」「でも」ばかり口に出る時は、「だからこそ」と口にして成長につなげよう!

失敗のまま終わる人、成功につなげられる人

「どうせ」無理だから…。

「だって」うまくいかないから…。

「でも」前にもやったことがあるから…。

あなたは、無意識にこんな言葉を使っていませんか？　私のクライアントにも、何かをやろうとすると「どうせ無理だ」と考えるようになっていた、という方がいらっしゃいます。これはなかなか深刻です。

「どうせ」「だって」「でも」を口に出してしまうのは、諦めの感情を抱いている証拠です。なぜ、そんな感情を抱くようになるのでしょうか。それは、「うまくいかない」という〝思い込み〟を繰り返しているからです。

物事を成功に導くまでには、いくつもの失敗を積み重ねるものです。一つの成功は多くの失敗の上に成り立っています。そう考えると、失敗やミスはダメなこ

とではなく、成功につながる大事な経験であることがわかります。
しかし、世の中には失敗を成功につなげられる人と、失敗のまま終わる人がいます。この差はどこにあるのでしょうか。

失敗のまま終わる人は、うまくいかなかった体験のマイナス面ばかりを見てしまって、否定的な感情を抱いています。「ダメだった」「うまくいかなかった」という思いを繰り返して欠点ばかり見て、ますますできない自分を作ってしまいます。そうしてマイナス思考に陥り、自己肯定感が低くなっていくのです。
しかし前述したように、失敗やミスはダメなことではなく、成功につながる大事な経験です。つまり、失敗にもプラスの側面があるということです。

また、結果を出せない人は言い訳ばかりします。「時間がない」「お金がない」「自信がない(経験がない)」などと言い訳していては、成功しようがありません。

マイナスの中にプラスを見つける

物事の「視点」を変えてみましょう。**一見、マイナス面だと思えることのプラスの側面を見つけて、自己肯定感を高めるのです。**これができると、「どうせ」「だって」「でも」という後ろ向きな言葉を使わずに、前向きに取り組むことができるようになります。

ここで重要なのは、**起きてしまった失敗や自分のマイナス面を見ないようにするのではなく、マイナス面だと思っていることのプラスの面に視点を移すことです。**その際、「だからこそ」という言葉を使うといいでしょう。


「野球の選手としては小柄だ。だからこそ、俊敏さでアピールできる」

「いつも周囲の目が気になる。だからこそ、場の空気を読むことができる」

「中小企業なので休みが少ない。だからこそ、仕事を任され、能力も上がる」

「髪の毛が薄い。だからこそ、若造に見られず、信頼されやすい」(笑)

また、失敗を成功につなげることができる人は、ミスを受け入れることから始めます。「これにはどんな意味があるのだろう」「どこを成長しろと言っているのか」と受容し、次に向けた挑戦を行います。だからこそ、成長して自信をもてるようになるわけです。

失敗やミスが続くと、ネガティブになって自信が失われることがあります。そんな時に、「だからこそ」という言葉でマイナス面のプラスの側面に意識を向けてみてください。きっと、自信を取り戻すきっかけを掴めるようになりますよ。

POINT

諦めと言い訳はできない自分を作るだけ。いったん受け入れて「だからこそ～」と言葉にしよう。

05

いまの自分を変えたければ、選択の場面で成長できる方を選ぼう！

これまでと違う決断をするには

すべての結果には原因があります。いまの自分（＝結果）を作っているのは、これまでの行動（＝原因）にあるのはすでにご説明したとおりです。そして、その行動（＝結果）を作っているのは、思考（＝原因）です。思考が変わらない限り、何度やっても結果は変わりません。

思考がマイナスになっているとマイナスの結果が生まれ、思考がプラスになっているとプラスの結果が生まれる。つまり、ワクワクしながら行動するから成功するのです。

私たちの普段の行動のほとんどは無意識の領域でされているので、放っておくとこれまでと同じ行動を繰り返すだけです。ですから、**自分を変えたければ、意識して行動を変えることが必要です。**

仕事や人生において、どちらを選択するか迷う場面があります。引き受けるべきか、断るべきか…。取引すべきか、しないべきか…。このように決断を迫られる場面で、意識して行動を変えるにはどうすればいいでしょうか。判断基準は損得、善悪、恩義など色々あるでしょうが、何に基いて決断するかで、その人の価値観が見えてきます。

例えば、元メジャーリーガーの松井秀喜さんは、高校に進学する際、レギュラーが約束される地域の公立高校ではなく、熾烈なレギュラー争いを強いられる強豪私学の星稜高校に進みました。また巨人に入団してからも、「ヤンキースを選んだのは、あえて自らを厳しい状況に追い込み、自分の潜在能力を引き出したいと思ったからです」と言うように将来の安定を捨ててメジャーリーガーの道に進み、ワールドシリーズを制覇してＭＶＰに輝きました。

「ピンチはチャンス」「苦難は幸福の門」という言葉があります。「チャンスの前にピンチが来る」「幸福の前に苦難が来る」というわけです。そう考えると、ピンチや苦難はむしろラッキーなのです。

もっと言うと、意識して苦難の道を選ぶことで、乗り越えた喜びや、その先の幸福に出会えたりするということです。ただ、困難な道を選ぶにはかなりの勇気が必要です。そこで、おすすめしたいのが**「迷ったら、より成長できる方を選ぶ」**ということ。どちらの道が自分をより成長させてくれるかで決断するのです。

そもそも迷うということは、どちらの道も可能性があるから悩むのです。もし一方の道に可能性がなければ、とっくに諦めているでしょう。いずれにせよ挑戦だと思える道を選ぶと成長します。挑戦の道は決して平坦ではありませんし、リスクがあるようにも見えます。でも、だからこそ進む価値があるのです。

成功すれば、自分の潜在能力を引き出して可能性を拡げられます。仮に失敗しても、経験という貴重な財産が手に入ります。どちらにしても自分の成長につながるのです。

自分の可能性は自分でコントロールする

「サラリーマン時代が長いとダメですね」

長年、大手企業に勤務して、優れたスキルと能力をお持ちの方がポロっと口にされました。ご自身の体験から、保守的な企業に長いこと勤めていると、自分でコントロールできない多くのことに対して「そんなもんだ」と思い込みがちになるとのこと。自らビジネスをやろうと決意して取り組んでいると、そのことがよくわかる、と。

伸び盛りの事業分野や、優れたリーダーシップをもつ上司の下で仕事することができたらいいでしょうが、ほとんどは組織の都合で配属が決まり、皆一律に同じように下積みをさせられます。それでは、その人の成長と可能性は単なる運と偶然に大きく依存します。自分の可能性は自分にしかコントロールできません。「組織で働いているのだから仕方がない」と言う方は、自分でそれを選択しているわけです。

迷ったら、ワクワクする方を選ぶ。より成長できる方を選ぶ。
このように、望む結果に向けて反応や行動を変えてみましょう。

POINT

意識して行動を変えることで自分を変えられる。
成長の可能性は自分で選択可能。

06

「どうなるんだろう…」と不安な時こそ、イヤイヤではなく楽しんで努力しよう！

不安をプラスに変える

経営者や指導者の方から、うまくいかないのではないかと不安になるという話をよく聞きます。不安を感じると、「もうダメかも」「無理かもしれない」とマイナス思考になってしまいます。こうなると、だいたい結果は見えています。

ただ、不安になる事自体は悪くありません。マイナス思考から切り替えられなくなることが問題なのです。もっと言うと、不安だからこそ解消しようと努力することができるのです。

講演会後の質疑応答で、「飯山さんはどうしてそんなに自信たっぷりに話ができるんですか？」と質問されたことがあります。一所懸命話そうとしているので、そう見えるのかもしれませんが、実際はいつも「つまらない」「しょうもない話だ」などと思われていないだろうかという不安が頭をよぎっています。

しかし、不安があるからこそ人は努力しようとします。そういう意味で、不安感や恐怖心は実はプラス思考につながるものと言えます。ホームラン世界記録保持者の王貞治氏は、次のようにおっしゃっています。

「もう打てないんじゃないかという恐怖は、常について回るんです。結果を残してきた人ほど不安と戦ってきたはずだし、恐怖心を持っていない人は本物じゃない。その怖さを打ち消したいがために、練習するわけです」

王さんでも、いつも不安の中で戦っていたということです。だからこそ世界のホームラン王になれたとも言えるでしょう。

イヤイヤ努力しない

「努力は必ず報われる。もし報われない努力があるのならば、それはまだ努力と呼べない」

これも王さんの名言の一つですが、あなたは「努力」という言葉にどんなイメージがありますか？　歯を食いしばって頑張っている、毎日毎日苦労しながら取り組んでいる、辛さに耐え忍んでいる、などのイメージがあるのではないでしょうか。こういったマイナスの感情を持ちながらも、一所懸命やらなければならないと頑張る。このような努力をすれば、本当に成功するのでしょうか。おそらく大変な思いをするだけで、好転する見込みはないでしょう。

真に成功を収めている方々は、「これを続けていればよくなる」という期待感を抱きながら努力しています。だから成功するのです。王さんの場合も、ホームランを打つ自分をイメージしながら努力されていたことでしょう。

つまり、**「否定的な思いを持った努力」ではなく、「肯定的な思いを持った努力」が大事なのです。**私は、前者を「してはいけない努力」、後者を「しなければならない努力」と言っています。だから一流のアスリートやビジネスの成功者は、努力しているというよりも、当たり前のことをやっているると思っているでしょう。

不安になった時こそ行動しましょう。夢や目標の実現のために必要だと思う努力を行うのです。ただし、「しなければならない努力」に限ります。

「よし、やってやろう！」と決意し、「必ず好転する」という期待感を持ちながら取り組みましょう。

POINT

不安で前に進めないことはある。
しかし、不安だからこそ将来の自分に期待しながら努力してみる。

07

夢を描いても行動に移せない時は、夢にワクワクすることから始めよう!

結局、自分を信じるから行動できる

「やるのか、やらないのか」「乗るか、反るか」といった決断をする場面は多くあります。実は、結果を出せる人はこの決断をさっとして行動に移します。しかし、なかなか結果を出せない人は言い訳をして決断を先延ばし、結局具体的な行動に移しません。

なぜ、結果を出せる人はどんどん決断して行動できるのかというと、自分を信じる力を持っているからです。できるかできないかで判断していると、なかなか行動できません。**結果はやってみなければわかりませんから、まずは自分の〝可能性〟を信じて行動してみることです。**

どれだけ夢を思い描いても、どれだけ明確な目標を設定しても、どれだけ詳細な計画を策定しても、なかなか実現に向かわないことの方が多いでしょう。それは、自分が夢や目標を〝必ず実現できる〟と信じられないからです。だから、途中で諦めてしまったり、行動を起こしてもすぐにやる気や集中力が失われたりするのです。

一般的にこんな状態を「精神力が弱い」と言いますが、どんな困難にも立ち向かえる精神力は「信じる力」から生まれます。つまり、精神力とは〝成信力（成功を信じる力）〟とも言えます。夢や目標を叶えるためには、どうしてもこの成信力が不可欠なのです。

やらなければならないことはわかっている。目標を掲げたら、目標に向かって努力することが大事だということも理解している。しかし、実際の行動がなかなか進まないのは、「どちらかというと、やりたくない」と感情が不快な状態になっているからです。だから後回しにしてしまう。すると、脳はそのことを価値が低いと判断するので、ますます行動できなくなります。逆に、先にやること、すぐにやることは、脳は価値が高いと判断するので、どんどん行動できるようになります。

つまり、**決断して行動できるかどうかは感情の問題なのです。**夢や目標が実現できるかどうかは、それに対する感情がどうなっているかがポイントということです。

結局、ワクワクするから成功する

何度も言うように、夢や目標を実現する感情は「ワクワク感」です。テレビ番組で、数学検定2級（高校2年生レベル）に合格した小学1年生の子供に、インタビュアーが「数学のどんなところが好き？」と聞くと、その子は「解けた時が楽しい」と笑顔で答えていました。

そうです。親にやらされているわけではなく、問題を解いている時、すでに解けた時と同じように喜びで脳がワクワクしているのです。このワクワク感を作ることが成功のポイントです。この小学生は、数学者になって「新しい数学を発見したい」という夢を語っていましたが、ワクワク感は相当なものでしょう。

「2015年に商業出版を果たし、全国で講演を行っている」

これは、私が5年前に設定した目標の一つです。目標とはこのような表現で言い表すことが多いと思いますが、本当に得たいことは違うところにあるものです。

出版して全国で講演している状態になると、どうなるのか?

自分が取り組む実現教育、メンタルトレーニング、コーチングなどの人との関わり方や、これからの教育について広く認知させる。将来に希望をもって行動できる人をどんどん輩出できる〝日本一勇気を与える男〟になって、日本の未来に貢献できる人間になる。このような状態になることを想像するだけで、ワクワクしてきます。このワクワクという感情を得ること。これが、本当に得たいことになるわけです。

「夢や目標を実現したら、どうなるんですか?」という質問の答えを考えてみてください。

夢や目標の先にある〝本当に得たいこと〟が見えてくるでしょう。

POINT

夢が実現したらどうなるのか。
行動したくなるワクワク感のある夢を描いてみる。

飯山晄朗（いいやま・じろう）

人財教育家、メンタルコーチ。富山県高岡市出身。石川県金沢市にオフィスを構え全国で活動している。企業経営者や経営幹部、チーム指導者を対象に、リーダーシップ教育を提供。また、アスリートへのメンタルサポートにも注力。高校野球で歴史的大逆転での甲子園出場、競泳でリオデジャネイロ五輪メダリスト輩出、スピードスケートでワールドカップ優勝などの成果をつくる。自己実現のための"望む結果"を得る実現教育®を全国で実施。主な著書に『いまどきの子のやる気に火をつけるメンタルトレーニング』（秀和システム）がある。

・中小企業診断士
・JADA（日本能力開発分析）協会認定SBTマスターコーチ
・銀座コーチングスクール認定プロフェッショナルコーチ
・銀座コーチングスクール金沢校・福井校 代表
・一般社団法人 人財開発フォーラム 理事長

自分の中の「どうせ」「でも」「だって」に負けない33の方法

2017年9月5日　初版第1刷発行

著　者　飯山晄朗
発行者　小山隆之
発行所　株式会社 実務教育出版
〒163-8671　東京都新宿区新宿1-1-12
電話　03-3355-1812（編集）　03-3355-1951（販売）
振替　00160-0-78270

印刷／壮光舎印刷　製本／東京美術紙工

ISBN978-4-7889-1296-0　C0030

実務教育出版の本

好評既刊！

だから、読み手に伝わらない！

もう失敗しない文章コミュニケーションの技術

山口拓朗 著

・伝え方がまずく、誤解を招いた
・「メールだと冷たい感じがしますね」と言われた
・頭に血が上って、感情的な文章を送りつけた

文章を書いていて、こんな失敗をしたことありませんか？
自分に都合のいい書き方はもうやめて、
今度こそ“伝わる”文章コミュニケーションを始めましょう！

定価 1300 円（税別）

216ページ／ISBN978-4-7889-1090-4